Der Modus – gestern und heute

Der Kampf der zwei Schwerter mit ihresgleichen

1. Auflage April 2022
© Gabriele-Verlag Das Wort GmbH
Max-Braun-Str. 2, 97828 Marktheidenfeld
Tel. 0049 (0)9391/504135, Fax 504133
www.gabriele-verlag.com
Alle Rechte vorbehalten.
Druck: KlarDruck GmbH, Marktheidenfeld
ISBN 978-3-96446-281-7

Der Modus – gestern und heute

Der Kampf der zwei Schwerter mit ihresgleichen

„Ich denke, er ist ein Kriegsverbrecher", sagte der US-amerikanische Präsident Mitte März 2022 in einer Pressekonferenz über den Präsidenten der Russischen Föderation, nachdem russische Truppen drei Wochen zuvor in das Nachbarland Ukraine einmarschiert waren. (Spiegel, 16.3.22) Seine Regierungssprecherin fügte noch hinzu, die Bilder aus der Ukraine zeigten die *„barbarischen Aktionen eines brutalen Diktators".* (ebenda) Einen Tag später fügte der US-Präsident noch hinzu, sein Präsidentenkollege aus Russland sei ein *„mörderischer Diktator, ein reiner Verbrecher",* der einen *„unmoralischen Krieg"* führe. (n-tv, 17.3.22) Schon ein Jahr zuvor hatte er ihn – wenig diplomatisch – als *„Killer"* bezeichnet. Tagesspiegel, 17.3.21)

Umgekehrt sprach der russische Präsident in seiner Fernsehansprache Ende Februar 2022 anlässlich des Einmarsches im Nachbarland von einem *„Lügenimperium",* das in den USA und in seinen, wie er sagte, *„Trabanten"* entstanden sei, und dessen *„unverantwortliche Politiker"* mit *„zynischen Täuschungen und Lügen, mit Druck und Erpressungsversuchen"* Russland und der Welt eine Art *„modernen Absolutismus"* und ihre *„Pseudowerte"* aufzuzwingen versuchen. (Anti-Spiegel,24.2.22)

Wir sehen: Jeder Krieg beginnt mit Gedanken und Worten und wird auch von ihnen begleitet. Und auch der Friede würde damit beginnen, dass jeder der Kontrahenten auf seine Gedanken, Gefühle und Worte achtet und sie hinterfragt, ob sie nicht dazu führen, dass Aggressionen weiter eskalieren.

Und vergessen wir nicht: Sämtliche an diesem Konflikt beteiligte Staaten – Russland, die Ukraine, die USA und fast alle ihre europäischen NATO-Verbündeten – werden der sogenannten christlichen Sphäre zugerechnet. Die meisten der dort verantwortlichen Politiker bezeichnen sich selbst also als „Christen". Der russische Präsident wurde kurz nach seiner Geburt in der kommunistischen Sowjetunion von seiner Mutter heimlich orthodox getauft und steht in engem Kontakt zur russisch-orthodoxen Kirche. Und der US-Präsident ist ein Katholik irischer Abstammung, der Medienberichten zufolge meist einen Rosenkranz mit sich trägt. Fast alle Politiker der Staaten, die direkt oder indirekt an diesem Krieg beteiligt sind, sprechen immer wieder von „christlichen Werten", die es zu beachten gelte.

Und das führt zu der Frage: Was sind eigentlich christliche Werte? Was lehrte Jesus von Nazareth? Und was lehrten die Gottespropheten der Israeliten, an die der Friedefürst Jesus mit Seiner Lehre der Bergpredigt anknüpfte?

In Stein gemeißelt steht da am Anfang schon das Gebot Gottes durch Mose: *„Du sollst nicht töten!"* Von irgendwelchen Ausnahmen war da keine Rede, wie sie sich die Priestermänner später ausdachten und in die Überlieferungen einschleusten: „Du sollst nicht morden!", solle es besser heißen, behaupteten sie zum Beispiel – damit die Soldaten im Krieg beim Töten kein schlechtes Gewissen haben müssen.

Von Ausnahmen sprach auch Jesus von Nazareth nicht. Noch im hitzigsten Gedränge behielt Er einen klaren Kopf und ein klares Herz in der Einheit mit Gott, Seinem himmlischen Vater. Als Ihn auf dem Ölberg in Jerusalem die Schergen des Hohepriesters gefangen nahmen, wusste Er genau, was Ihm bevorstand. Petrus ahnte es wohl auch – er zog sein Schwert und verletzte einen der angreifenden Knechte. Er wollte in diesem Moment sicherlich nur das Beste tun und sich ganz impulsiv für seinen Freund und Meister einsetzen. Doch Jesus, der Christus, hielt ihn zurück: *„Stecke dein Schwert in die Scheide",* sagte Er, *„denn wer zum Schwert greift, wird durch das Schwert umkommen."*

Damit sprach Christus, der Mitregent des Reiches Gottes, auch das Gesetz von Ursache und Wirkung an, das sich ebenfalls klar und deutlich in der Überlieferung der Kirchenbibeln nachlesen lässt: *„Täuscht euch nicht: Gott lässt Seiner nicht spotten. Denn was der Mensch sät, das wird er ernten."* Ausgerechnet diese grundlegende Wahrheit, die in allen Naturwissenschaften gänzlich unbestritten ist, wird in Politik und Religion meist ausgeblendet. Dabei ist doch sonnenklar: Jede Gewalt, und erst recht jeder Krieg verursacht Leid und Zerstörung. Und diese vom jeweiligen Gewalt-Täter gesetzten Ursachen werden früher oder später als Wirkung auf den Verursacher zurückkommen.

Früher oder später – das kann für die Seele eines beseelten Menschen auch heißen: wenn nicht in diesem irdischen Leben, dann nach diesem Leben in den jenseitigen Welten, oder auch in einer späteren Einverleibung.

Jesus von Nazareth sagte auch: *„Was du dem geringsten deiner Brüder antust, das hast du Mir angetan".* Und auch in dieser Aussage steckt wieder eine fundamentale Wahrheit: In jeder Seele und in jedem beseelten Menschen ist der Christus Gottes mit Seiner Kraft gegenwärtig. Wenn ich ein Christ bin: Wie kann ich dann Christus töten, der auch in meinem Nächsten zuhause ist?
Und was werde ich Gott, dem Ewigen antworten, wenn Er mir, wie es überliefert ist, die Frage stellt: *„Kain – wo ist dein Bruder Abel?"*

Mit unseren heutigen Worten gesprochen war Jesus von Nazareth ein Pazifist. *„Liebet eure Feinde! Tut Gutes denen, die euch hassen! **Segnet die, die euch verfluchen, betet für die, die euch misshandeln!"*** Das ist sicher für niemanden von uns leicht umzusetzen. Es ist nicht immer leicht, das Positive in meinem Nächsten zu sehen – vor allem dann, wenn ich gerade mit ihm in Konflikt bin. Und es fällt oft schwer, das Negative, das ich an ihm sehe, zu allererst auf mich selbst zu beziehen, wenn ich mich darüber errege. *„Ziehe zuerst den Balken aus deinem eignen Auge, ehe du mithilfst, den Splitter aus dem Auge deines Nächsten zu ziehen!"*, so heißt es in der Bergpredigt.

Aber nur so kann Versöhnung gelingen – indem jeder seinen Anteil sieht, ihn bereut, dafür um Vergebung bittet und das als schlecht Erkannte nicht mehr tut. Und dies gilt nicht nur im persönlichen Bereich, sondern auch zwischen ganzen Völkern. Doch wie ist das dann, wenn der Bomberpilot gar nicht weiß, wen er gerade alles ermordet. Und der Befehl dazu noch von ganz anderer Stelle kam?

Doch dies alles ändert nichts daran, dass die Worte des Jesus von Nazareth, gerade auch was Gewalt und Krieg angeht, klar und eindeutig sind. Er sprach nicht von irgendwelchen Ausnahmen, wie sie die Kirchenfunktionäre zu machen pflegen – wir werden noch darauf zurückkommen.

Doch auch schon vor Jesus von Nazareth lehrten die Gottespropheten ganz eindeutig die Gewaltlosigkeit. Der Gottesprophet Jesaja etwa erhob seine Stimme gegen alle kriegerischen Regierungen und gegen die Verblendung ihrer Völker. Und dem eigenen Volk und seinen Oberen rief er zu, nicht in den Krieg zu ziehen, um das eigene Land zu verteidigen, ich zitiere: *"Denn so spricht Gott, der Herr, der Heilige Israels: Wenn ihr umkehrtet und stille bliebet, so würde euch geholfen; durch Stillesein und Vertrauen würdet ihr stark sein. Aber ihr habt nicht gewollt und spracht: ‚Nein, sondern auf Rossen wollen wir dahinfliegen', darum werdet ihr dahinfliehen, ‚und auf Rennern wollen wir reiten' – darum werden euch eure Verfolger überrennen."* (Jes 30, 16)

Jesaja verkündete eine Botschaft des Friedens und warnte das in Kämpfe und Kriege verwickelte Volk immer wieder davor, Gewalt anzuwenden. Dem Krieg stellte er ein einprägsames Bild der Gewaltlosigkeit gegenüber: *"Dann schmieden sie Pflugscharen aus ihren Schwertern und Winzermesser aus ihren Lanzen. Man zieht nicht mehr das Schwert, Volk gegen Volk, und übt nicht mehr für den Krieg."* (Jes 2, 4-5)

Auch der Gottesprophet Jeremia nahm einige Generationen später eindeutig Stellung gegen die Kriegstreiber seiner Zeit, die in der belagerten Stadt Jerusalem zum Kampf gegen die Belagerer, gegen die Chaldäer, aufriefen. Er sagte: *„So spricht der Herr: ... Wer hinausgeht zu den Chaldäern, der soll am Leben bleiben und wird sein Leben wie eine Beute davonbringen. So spricht der Herr: Diese Stadt soll übergeben werden dem Heer des Königs von Babel, und er soll sie einnehmen."* Damit brachte er sich in Lebensgefahr. Denn weiter lesen wir: *„Da sprachen die Oberen zum König: Lass doch diesen Mann töten; denn auf diese Weise nimmt er den Kriegsleuten, die noch übrig sind in dieser Stadt, den ganzen Mut, desgleichen dem ganzen Volk, weil er solche Worte zu ihnen sagt".* (Jer 38, 2-4) Nur durch ein Wunder entging der Gottesprophet Jeremia in dieser Situation seiner Hinrichtung.

Wir sehen also: Die Botschaft von Gott, dem Ewigen, durch Seine Gottespropheten und Gottesprophetinnen vor Jesus von Nazareth und auch nach Ihm war und ist immer dieselbe: Greift nicht zur Gewalt! Denn Gewalt ist keine Lösung.

Es mag ja sein, dass es Politiker gibt, die Krieg führen wollen, vielleicht auch Politiker, die Kriege vorbereiten, die sie anheizen und provozieren. Aber wer dies tut, der sollte sich dann nicht als „Christ" bezeichnen und nicht von „christlichen Werten" sprechen. Denn wer das tut, verhöhnt den Christus Gottes. Das gilt auch für Waffenproduzenten, Waffenhändler und Waffenexporteure – denn ohne Waffen kann kein Krieg stattfinden. Und so lautet auch in unserer Zeit die Frage: Kain, wo ist dein Bruder Abel?

Gemessen an der Lehre des Christus ist jeder Krieg ein Verbrechen – ist Brudermord. Und wer das nicht glaubt, der könnte sich zur Klärung auch folgende Fragen stellen: Wo sprach Jesus von Nazareth von Militärbündnissen? Wo sprach Er von Waffenproduktionen, Waffenexporten und Waffenarsenalen? Wo hat Jesus von Nazareth den gewaltsamen politischen Umsturz gelehrt? Wo hat Er gelehrt, bewaffnet in Nachbarländer einzudringen? Und wo hat Er ein Recht auf sogenannte militärische Selbstverteidigung gelehrt? Wenn dieses vielfach praktizierte Verhalten richtig sein soll, oder auch nur einiges davon, dann wäre allerdings Christus ein Lügner. Wenn Christus aber kein Lügner ist und die Wahrheit lehrt, warum tut man dann nicht, was Er lehrt, nicht einmal ansatzweise?

Im Krieg in der Ukraine wird von Politikern auch unterschieden zwischen den Kriegshandlungen und, als Teil davon, speziellen Kriegsverbrechen, womit die besondere Bösartigkeit bestimmter Handlungen bezeichnet wird. Als Kriegsverbrechen gelten nach dem sogenannten Römischen Statut der Vereinten Nationen alle Gewaltmaßnahmen, die über das militärisch übliche oder „notwendige" Maß hinausgehen, etwa die vorsätzliche Ermordung unbeteiligter Zivilisten, Folter, Geiselnahme, Vergewaltigung, die vorsätzliche Zerstörung ziviler Objekte, die Anwendung von Giftgas und vieles mehr. Wobei immer anzumerken ist: Krieg bringt – auch unabhängig vom Vorhandensein solcher Tatbestände, die als Kriegsverbrechen bezeichnet werden, immer Leid und Zerstörung und ist daher gegen die Lehre des Jesus von Nazareth gerichtet.

Den russischen Truppen wird nun in der Tat einiges vorgeworfen. In der Tageszeitung „Die Welt" vom 17. März ist zum Beispiel die Rede von der *„Bombardierung von Krankenhäusern, Schulen und Wohnhäusern".* Russland habe *„Streubomben eingesetzt und Atom- und Heizkraftwerke attackiert."* In Russland wird das allerdings anders dargestellt, und mitten im Kriegsgeschehen ist es auch kaum möglich, solche Vorwürfe auf ihren Wahrheitsgehalt hin zu überprüfen. Doch die Zeitung berichtet auch, dass die deutsche Bundesanwaltschaft in Karlsruhe Ermittlungen aufgenommen hat, nachdem mehrere Anzeigen gegen den russischen Präsidenten wegen des Verdachts auf Kriegsverbrechen erstattet wurden. Nach dem Weltrechtsprinzip von 2002 kann in so einem Fall auch von Deutschland aus ermittelt werden, allerdings nur gegen natürliche Personen, nicht gegen Staaten.

Der Publizist Jürgen Todenhöfer reagierte auf diese Nachricht, indem er am 18. März 2022 auf der Internet-Plattform facebook den folgenden Text veröffentlichte:

„Der deutsche Generalbundesanwalt ermittelt inzwischen wegen etwaiger Kriegsverbrechen Putins. Recht so. Aber warum hat er nie wegen etwaiger Kriegsverbrechen Bushs, Obamas oder Trumps ermittelt, denen über 3,1 Mio. Iraker, Afghanen und Pakistaner zum Opfer fielen? Sind Nichtweiße weniger wert als Weiße? In der uralten irakischen Stadt Mossul wurden unter Führung der USA 90.000 Zivilisten ermordet. 33.000 Frauen und Mädchen. Doch kein Hahn kräht danach. Wie können Sie da ruhig schlafen, Herr Generalbundesanwalt? Müssen wir nicht alle Kriegsverbrechen bekämpfen?"

Jürgen Todenhöfer hat in dieser Aussage in gewisser Weise auch an die Bergpredigt des Jesus von Nazareth erinnert: Wer andere als „Kriegsverbrecher" bezeichnet, der kann damit möglicherweise recht haben. Doch er sollte die jüngere Vergangenheit seines eigenen Landes dabei nicht ausblenden.

Und da gibt es in der Tat einiges kritisch anzumerken. Die Liste Jürgen Todenhöfers ließe sich noch um einiges verlängern.
Denken wir nur an die Entlaubung ganzer Regenwälder durch Giftgas im Vietnamkrieg der 60er Jahre – und in der Folge an die Geburt von 100.000 missgebildeten Kindern. Denken wir an die Bombardierungen Serbiens 1999 und des Iraks 2003, teilweise mit atomar abgereicherter Munition, bei denen auch ungezählte Zivilisten getötet wurden. Denken wir an die ferngesteuerten Drohnen, die zum Beispiel in Afghanistan und im Jemen ganze Hochzeitsgesellschaften auslöschten, um angeblich Terroristen zu töten. Oder denken wir an Libyen, das im Jahr 2012 nach sieben Monate währenden Luftangriffen von einem der am weitesten entwickelten Staaten Afrikas zu einem bis heute unregierbaren und weitgehend zerstörten Land wurde. Welche Ursachen wurden da gesetzt?

Und welche Ursachen wurden in diesem Fall gesetzt? Es ist ja nicht so, dass die heutigen Ereignisse nicht vorhergesehen wurden. So sagte z.B. der langjährige, erfahrene europäische Spitzenpolitiker Helmut Schmidt bereits im Jahr 2015 in einer Talk-Show, als es bereits um die politische Krise in der Ukraine ging:

„Das Vertrauen beruht auf mindestens zwei Polen, Und das Vertrauen ist zerstört worden durch die idiotischen Angebote und Absichten, die dahinter steckten seitens der europäischen Union. Der Versuch der europäischen Union, sich auszudehnen auf die Ukraine, gleichzeitig auf Georgien, am liebsten noch auf Armenien, alles das ist ein ziemlicher Blödsinn. Das ist geopolitische Kinderei... da fängt der Unfug an. Lange vor der heutigen Krise. Das muss man im Lichte dieser Geschichte sehen." (Stephan Berndt, „Was will Putin?", 2015, S. 174)

Das rechtfertigt natürlich nicht einen völkerrechtswidrigen Krieg.
Doch wenn das stimmt, was hier ein langjähriger Europäischer Spitzenpolitiker sagt, der sich nicht von Journalisten aufs Glatteis führen lässt, was erleben wir denn heute?

Wenn alle Welt heute applaudiert, wenn aufgerüstet wird und alle so tun, als würden sie es für hungernde Kinder einsetzen, so müsste man doch einmal darüber nachdenken, was das alles zur Folge hat, denn die Antwort aus dem Reich Gottes heißt: *„Täuscht Euch nicht, Gott lässt Seiner nicht spotten, was der Mensch sät, das wird der Mensch ernten."*

Und wer profitiert heutzutage am meisten von Kriegen? Sind es nicht letztlich die weltweit tätigen Waffenproduzenten und Waffenhändler, deren Geschäfte umso besser gehen, je mehr Kriege geführt werden? Und ohne sie, wie gesagt, könnte kein Krieg stattfinden.

Und weil wir gerade über Kriegsverbrechen sprechen: Dafür wäre eigentlich der Internationale Strafgerichtshof in Den Haag zuständig. Sowohl die USA als auch Russland als auch die Ukraine haben das entsprechende Statut allerdings nicht unterzeichnet, sodass ihre Staatsangehörigen dort weder angeklagt noch verurteilt werden können.

Was aber nicht heißt, dass solche Taten ohne Folgen bleiben werden. Sogar in der Bibel der Kirchen ist es nachzulesen – es wurde gerade schon genannt: *„Täuscht euch nicht: Gott lässt Seiner nicht spotten.*

Denn was der Mensch sät, das wird er ernten." Und dieses Gesetz von Saat und Ernte behält für den Einzelnen auch über dieses Erdenleben hinaus seine Gültigkeit.

Darüber hinaus sind aber immer auch unsichtbare Schwerter im Einsatz. Mit der Rüstungsindustrie haben diese Schwerter vor allem eines gemeinsam: Ohne sie gäbe es die Kriege nicht – oder sie wären jedenfalls nicht von langer Dauer. Denn jeder Krieg braucht – gerade in der heutigen Zeit – ein sogenanntes „Narrativ", eine eingängige Erzählung, mit der die Masse der Menschen so manipuliert werden kann, dass sie den Krieg oder den – mit welchen Waffen auch immer geführten – Gegenkrieg für eindeutig gerechtfertigt ansehen.

Und dieses Narrativ ist natürlich auf der jeweils gegnerischen Seite wieder völlig anders. Und die Lieferanten dieser Erzählungen haben derartige Manipulationsmanöver seit Jahrhunderten geübt. Damit sind sie den heutigen hochbezahlten Regierungsberatern bei weitem überlegen.

Schon zu Beginn des 14. Jahrhunderts, im Jahr 1302, also vor mehr als 700 Jahren, gab der katholische Papst Bonifaz VIII. die bis heute unverändert gültige „Zwei-Schwerter-Lehre" der Vatikankirche bekannt. Demnach gibt es zwei Schwerter im Land: das geistliche Schwert, auch „geistliche Gewalt" genannt, also die Kirche, und das weltliche Schwert, den Staat. Wobei die „geistliche Gewalt", so das Dogma, immer über der weltlichen Gewalt zu stehen hat. Der Staat hat sich also der Kirche zu unterwerfen.

Martin Luther hat für den Geltungsbereich der Lutherkirche übrigens eine ganz ähnliche Lehre aufgestellt. Er spricht von „zwei Reichen", die sich gegenseitig unterstützen. Er formuliert es zwar etwas anders – aber am Ende soll auch hier der Staat mehr oder weniger das tun, was die Kirche will.

Zu den Kompetenzen dieses geistlichen Schwertes gehört es nun unter anderem, zu entscheiden, ob die jeweiligen Kriege der staatlichen Weisungsbevollmächtigten aus kirchlicher Sicht gerechtfertigt sind oder nicht. Und wenn ja, dann liefern die Talarträger auch die Rechtfertigung für diesen Krieg, an die das Volk dann zu glauben hat.

Nun haben wir aber festgestellt, dass jeder Krieg gegen die Lehre des Christus verstößt. Dass also, gemessen an dieser Lehre jeder Krieg ein Verbrechen ist. Daraus folgt, dass die jeweiligen geistlichen Gewalten – ob katholisch, lutherisch, orthodox usw. –, die hier im Spiel sind, nichts mit Gott, dem Ewigen All-Einen, zu tun haben können. Denn dieser ist die absolute Friedfertigkeit und Liebe, so wie es alle Gottespropheten immer und immer wieder verkündet haben.

Der „Gott", von dem die verschiedenen Religionsfunktionäre sprechen, muss also ein anderer Gott sein. Es ist der jeweilige Konfessionsgott. Was von diesen unterschiedlichen Konfessionsgöttern und ihren Rechtfertigungen von Kriegen und Gewalt zu halten ist, das machte schon Jesus von Nazareth deutlich, als Er zu den Priestermännern Seiner Zeit sagte:

„Ihr habt den Teufel zum Vater und ihr wollt das tun, wonach es euren Vater verlangt. Er war ein Mörder von Anfang an. Und er steht nicht in der Wahrheit; denn es ist keine Wahrheit in ihm. Wenn er lügt, sagt er das, was aus ihm selbst kommt; denn er ist ein Lügner und ist der Vater der Lüge."

Wie auch immer sich die unterschiedlichen Konfessionen nennen mögen, im Hintergrund steht jeweils eine bestimmte Macht, die die Griechen den „Durcheinanderwerfer" nannten, den „Diabolos". Unter dem Motto „Trenne, binde und herrsche" wiegelt er Menschen und Völker gegeneinander auf und bezieht aus den gegenseitigen Aggressionen, aus der Gewalt und den Kriegen seine Energie. Vordergründig stehen sich dann verfeindete Parteien gegenüber, die jedoch beide für die Macht im Hintergrund Energielieferanten sind, womit diese Macht versucht, die Oberhand zu behalten. Diese Macht im Hintergrund könnte man symbolisch auch als den Götzengott Baal bezeichnen.

Und diese scheinbaren Gegensätze, die am Ende doch wieder überraschend vieles gemeinsam haben, kann man sehr gut beobachten am Beispiel des Kriegs in der Ukraine. Es ist der Krieg der zwei Schwerter aus unterschiedlichen Himmelsrichtungen – jeweils zwei Schwerter in den unterschiedlichen Staaten, wobei die jeweiligen Kirchenführer die Kriege beziehungsweise die kriegerische Rhetorik ihrer Herrscher rechtfertigen. Das Beziehungsgefälle zwischen den beiden Schwertern mag von Land zu Land unterschiedlich sein; der Reiter, die Kirche, mag das Ross, den Staat, noch nicht überall gleich fest im Zaum zu halten – die Verlautbarungen, die aus den geistlichen Gewalten zu vernehmen sind, klingen jedenfalls teilweise ähnlich.

Da erklärt zum Beispiel der Metropolit der unabhängigen orthodoxen Kirche der Ukraine, es sei keine Sünde, russische Soldaten zu töten. Wörtlich sagte er: *„Sich zu verteidigen, den Feind zu töten – das ist keine Sünde."* Und weiter: *„Und wer mit dem Schwert zu uns gekommen ist, wird durch dieses Schwert sterben."* (ntv.de, 15.3.22)

Was hatte hingegen Jesus von Nazareth gesagt? ***„Alle, die zum Schwert greifen, werden durch das Schwert umkommen."*** Zwischen den Soldaten links und rechts der Front hatte Er nicht unterschieden.

Ein Erzpriester einer anderen orthodoxen Kirche – es gibt in der Ukraine mindestens drei unterschiedliche – sprach gegen alle russischen Soldaten, die gegen das fünfte Gebot „Du sollst nicht töten" verstoßen, das Anathema, den Bannfluch aus. Der Bannfluch bedeutet die Androhung der ewigen Hölle nach dem Ableben. Bei Gott, dem Ewigen, gibt es allerdings keine Strafe, und schon gar keine ewige Hölle. Die gibt es nur bei Konfessionsgöttern – die dann wiederum die Gebote des Mose nur den

Soldaten in der fremden Uniform auferlegen wollen, nicht jedoch den eigenen.

Der Patriarch der orthodoxen Kirche in Moskau hingegen unterstützte das Vorgehen der russischen Streitkräfte. In einer Sonntagsmesse sagte er: *„Gott bewahre, dass die gegenwärtige politische Situation in der uns nahen brüderlichen Ukraine darauf abzielt, dass die bösen Mächte, die immer gegen die Einheit ... der russischen Kirche gekämpft haben, die Oberhand gewinnen."* (religion.orf.at, 28.2.22) Er sehe diese Ereignisse als einen *„metaphysischen Kampf"* an, in dem es gelte, *„sich auf der Seite des Lichts zu positionieren, auf Seiten der Wahrheit Gottes".* (domradio.de, 16.3.22) Und er warnte seine Kirche davor, sich *„von dunklen und feindlichen äußeren Kräften verhöhnen zu lassen."* (noek.info, 1.3.22) Einem russischen General überreichte er feierlich eine Marien-Ikone mit den Worten: *„Möge dieses Bild junge Soldaten inspirieren, die den ... Weg der Verteidigung des Vaterlandes einschlagen."* (domradio ebenda)

Und die Tageszeitung „Die Welt" ergänzt: *„Der Vatikan reagierte auf die Übergabe der Marien-Ikone an das russische Militär in der Moskauer Erlöserkirche* *übrigens mit einem besonderen liturgischen Akt. Papst Franziskus will bei einer Bußfeier am 25. März im Petersdom die Ukraine und Russland dem unbefleckten Herzen Mariens weihen."* (18.3.22)

So ein Weihe-Akt ist übrigens nichts Neues. Die Völker Russlands und wahlweise auch alle Völker der Welt wurden von den jeweils amtierenden Päpsten schon 1942, 1952, 1964 und 1984 dem angeblichen Herzen Marias geweiht. Was hat es geholfen? Oder hat es am Ende gar geschadet? Das möge jeder selbst beurteilen.

Fest steht nur: Mit der Mutter Jesu, in der ein hohes Wesen der Himmel einverleibt war, der Seraph der göttlichen Barmherzigkeit, haben diese kultischen Rituale nichts zu tun. So, wie die jeweiligen Religionskonglomerate ihre jeweiligen Konfessionsgötter voranstellen, so haben sie meist auch ihre Konfessions-Muttergöttinnen, die ihren antiken Kultvorbildern meist bis aufs Haar gleichen. Und nun missbrauchen zwei oberste Talarträger den Namen der Mutter des Jesus von Nazareth auch noch für einen Schlagabtausch mit militärischem Hintersinn.

Was sagte Papst Franziskus noch über den Krieg in der Ukraine? In einer Sonntagspredigt sagte er.

„Diejenigen, die Krieg führen, vergessen die Menschlichkeit." Diese Menschen, so der Papst weiter, *„stellen parteiische Interessen und Macht über alles. Sie verlassen sich auf die teuflische und perverse Logik der Waffen, die am weitesten vom Willen Gottes entfernt ist ... Legt eure Waffen nieder! Gott ist mit den Friedensstiftern, nicht mit denen, die Gewalt anwenden."* (Vatican news) Und Mitte März fügte er noch hinzu: *„Gerade der Ukraine-Krieg zeigt, dass diejenigen, die die Geschicke der Völker lenken, keine Lehren aus den Tragödien des 20. Jahrhunderts gezogen haben."* (Main-Post, 15.3.22)

Womit wir wieder bei der Bergpredigt wären und bei dem Gleichnis vom Splitter und vom Balken: Welche Lehren hat denn der Papst aus den Tragödien gezogen, die der Vatikan in seiner blutigen Geschichte immer wieder angerichtet hat – insbesondere, was die „teuflische und perverse Logik der Waffen" angeht? Zahlreiche Kriege haben die Religionsfunktionäre des Vatikans selbst geführt, und noch viel mehr haben sie angezettelt und im Namen ihres Konfessionsgottes dazu aufgerufen. Noch im 20. Jahrhundert hat Papst Pius X. Österreich-Ungarn mit in den Ersten Weltkrieg hineingetrieben. Pius XII. hat nicht nur durch sein Taktieren die Machtergreifung Hitlers mit ermöglicht, er hat auch General Franco zu seinem blutigen Sieg im Spanischen Bürgerkrieg beglückwünscht und den Überfall der deutschen Wehrmacht auf die Sowjetunion ausdrücklich begrüßt.

Und jetzt spielt Franziskus, der Vorsteher einer in ihrer Geschichte über und über mit Blut befleckten religiösen Organisation, den obersten Moralrichter. Dabei geht er sogar so weit, die Lehre seiner eigenen Kirche zu verleugnen. *„Es gibt keine gerechten Kriege! Es gibt sie nicht!"* – das sagte er öffentlich, und zwar gerade im Zusammenhang mit dem Krieg in der Ukraine (Vatican News, 19.3.22). Dabei weiß er ganz genau, dass die Lehre vom angeblich gerechten Krieg, aufgestellt bereits im 5. Jahrhundert vom Kirchenheiligen und Kirchenlehrer Augustinus von Hippo, eindeutig und unveränderbar in den Katechismen seiner Kirche geschrieben steht.

Unter Randnummer 2309 sind im aktuellen katholischen Katechismus genau die *„Bedingungen"* aufgeführt, *„unter denen es einem Volk gestattet ist, sich in Notwehr militärisch zu verteidigen"* – ganz ähnlich übrigens wie in der Lutherkirche. Doch von solchen Ausnahmen, unter denen es Schriftgelehrte

Menschen „gestatten", sich nicht an das Gebot Gottes durch Mose *„Du sollst nicht töten!"* halten zu müssen, sagte Jesus von Nazareth nichts. Er sagte: *„Eure Rede sei Ja ja, nein nein. Alles andere ist von Übel."*

Wenn es dem Papst mit seiner Ablehnung des gerechten Kriegs wirklich ernst wäre, wenn er sich nicht nur aus rein taktischen Erwägungen so geäußert hätte, um in der Tagespolitik Punkte zu sammeln, dann hätte er diese kirchliche Lehre vom angeblich gerechten Krieg umgehend öffentlich widerrufen und Augustinus den kirchlichen Heiligentitel aberkennen müssen.

Doch nicht nur das. Am 27. April 2014 sprach Franziskus persönlich seinen Vor-Vorgänger im katholischen Sinne heilig: Papst Johannes Paul II. Und der hatte im Jahr 1991, während des damaligen Kriegs gegen den Irak, öffentlich erklärt, und ich zitiere: *„Wir sind keine Pazifisten; wir wollen keinen Frieden um jeden Preis".* (Abendzeitung München, 18.2.91) Damit stellte sich dieser Papst gegen Jesus von Nazareth, der, wie gesagt, gemäß der heute üblichen Begrifflichkeit ein Pazifist war. Und 1995, als der Krieg in Bosnien tobte, erklärte derselbe Papst öffentlich:

„Das Recht auf Verteidigung muss umgesetzt werden zum Schutz der Zivilbevölkerung in einem ungerechten Krieg". (dpa, 23.7.95) Woraufhin die Münchner Abendzeitung auf S.1 mit der Schlagzeile erschien: *„Der Papst ruft zum Krieg auf."* (24.7.95)

Hat Franziskus da am Ende etwas übersehen? Wir ahnen es schon: Wenn Papst Franziskus wirklich die Lehre vom angeblich gerechten Krieg abschaffen wollen würde, dann käme unendlich viel Arbeit auf ihn zu. Wenn allen katholisch sogenannten Heiligen, die Krieg befürwortet haben, rückwirkend die katholische Heiligkeit abgesprochen werden müsste, wenn zudem allen Päpsten, die Krieg gerechtfertigt oder gar selbst geführt haben, rückwirkend der offizielle katholische Titel „Heiliger Vater" aberkannt werden müsste – wer bliebe da am Ende noch übrig?

Und das wäre ja noch lange nicht alles: Wenn es keine gerechten Kriege gibt, dann müsste die katholische Militärseelsorge weltweit aufgelöst werden – und die lutherische am besten gleich mit. Alle Waffenproduzenten und alle Waffenhändler müssten aus neu-vatikanischer Sicht dann umgehend exkommuniziert werden, und auch alle Politiker, die Waffenexporte betreiben – vor allem die aus den Parteien mit dem „C" im Parteinamen.

Und was ist dann mit den deutschen Bischöfen? Die katholischen Bischöfe Deutschlands erklärten im März 2022 Waffenlieferungen Deutschlands an die sich im Krieg mit Russland befindende Ukraine für *„ethisch vertretbar".* (FAZ, 10.3.22) Und im selben Atemzug behaupteten sie auch noch, die Kirche sei *„in ihrer Lehre und in ihrem Handeln der Gewaltlosigkeit Jesu verpflichtet".* (ebenda) Wie passt das zusammen?

Jesus von Nazareth sagte, wie schon erwähnt: *„**Eure Rede sei Ja ja, nein nein. Alles andere ist von Übel.**"* Angesichts dieser klaren Worte sind nahezu alle kirchlichen Verlautbarungen mit ihrem „Sowohl Ja als auch Nein" Beispiele für dieses Übel. Und Er, der Friedefürst, sagte auch: *„**Wer zum Schwert greift, wird durch das Schwert umkommen.**"* Das gilt auch für Waffenproduzenten und Waffenhändler, die das Töten erst ermöglichen, die die Kriege mit immer neuem Nachschub an Waffen verlängern – und die letztlich den Profit daraus ziehen.

Ganz ähnlich wie die katholischen Kollegen äußerte sich übrigens auch Heinrich Bedford-Strohm, der bayerische Landesbischof: *„Das ist der tiefe Widerspruch, den wir aushalten müssen",* sagte er dem

Bayerischen Rundfunk. (BR24, 17.3.22) Waffen zur Verteidigung könnten gleichzeitig Menschenleben schützen, und deshalb widerspreche er entsprechenden Forderungen aus der Ukraine nach Waffenlieferungen nicht.

Damit befindet er sich ganz auf der Linie der lutherischen Kirche, die in ihrer bis heute kirchlich verbindlichen „Augsburger Konfession" lehrt, *„dass Christen ... mögen Übeltäter mit dem Schwert strafen, -- rechte Kriege führen."* (CA XV) Schon Martin Luther hatte sich auf den angeblichen „Befehl" Gottes berufen, als er die deutschen Fürsten aufforderte, im Bauernkrieg die aufständischen Bauern alle zu erschlagen. Wörtlich: *„Prediger sind die allergrößten Totschläger. Denn sie ermahnen die Obrigkeit, dass sie entschlossen ihres Amtes walte und die Schädlinge bestrafe. Ich habe im Aufruhr alle Bauern erschlagen; all ihr Blut ist auf meinem Hals. Aber ich schiebe es auf unseren Herrgott; der hat mir befohlen, solches zu reden ..."* (WA, Tischreden, Band 3, S.75)

Und im Namen Luthers hetzte auch der lutherische Pfarrer Adolf Schettler in seinem viel gelesenen Buch „In Gottes Namen – Durch!" die Soldaten in den Ersten Weltkrieg: *„ ...euch Deutschen ist das Schwert* *der Rache und des Gerichts in die Hand gelegt. Luther sagt, und Luther war ein deutscher Mann und ein frommer Mann: ‚Die Hand, die solches Schwert führt und würgt, ist alsdann nicht mehr Menschen Hand, sondern Gottes Hand, und nicht der Mensch, sondern Gott hängt, rädert, enthauptet, würgt und kriegt. Das alles sind seine Werke und Gerichte.'"* (S. 35f)

Das war 1915. Und noch 1996 sagte der katholische Kardinal Joachim Meisner aus Köln in einer Predigt vor Soldaten im Kölner Dom: *„Einem Gott lobenden Soldaten kann man guten Gewissens Verantwortung über Leben und Tod anderer übertragen, weil sie bei ihm gleichsam von der Heiligkeit Gottes mit abgesichert sind. ... In betenden Händen ist die Waffe vor Missbrauch sicher."* (Monitor, 15.2.96)

Die angeblichen Gottesmänner rechtfertigen den Krieg – und die äußerlich mächtigen Staatsbevollmächtigen führen ihn aus. Denken wir noch einmal an die Äußerungen der beiden Präsidenten, die wir am Beginn der Sendung zitiert haben: Der US-amerikanische Präsident sagte über sein Gegenüber: „Ich denke, er ist ein Kriegsverbrecher", er ist ein „mörderischer Diktator, ein reiner Verbrecher", der einen *"unmoralischen Krieg"* führe. Und zuvor hatte er ihn als *"Killer"* bezeichnet.

Umgekehrt sprach der russische Präsident von einem *"Lügenimperium"*, das sein Widerpart regiere, der mit *"zynischen Täuschungen und Lügen, mit Druck und Erpressungsversuchen"* der Welt eine Art *"modernen Absolutismus"* und seine *"Pseudowerte"* aufzuzwingen versuche.

So klingen Äußerungen aus dem Regime der zwei Schwerter. Alle nennen sie sich „christlich" – doch wo bleibt Christus?

So müssen wir feststellen:
Solange die zwei Schwerter gemeinsam so am Werk sind, wie wir es in dieser Sendung nur ansatzweise und beispielhaft zusammengestellt haben, so lange wird es Tote zuhauf geben. So lange wird gerade an die sich „christlich" nennenden Länder immer wieder die klagende Frage gestellt werden müssen: **„Kain, wo ist dein Bruder Abel?"**

Und solange die zwei Schwerter auf diese Weise ihr Unwesen treiben, wird es weiter den Missbrauch des Namens Gottes, des All-Einen, geben – den

Missbrauch des Namens Seines Sohnes Christus, des Mitregenten des Reiches Gottes, und somit auch den Missbrauchs des Begriffs „christlich".

Jesus, der Christus, sagte in Seiner Bergpredigt: *„Selig sind die Friedensstifter, denn sie werden Gottes Kinder genannt werden."*
Diejenigen, die nur vom Frieden reden, aber den Krieg vorbereiten, ihn führen und ihn dann für die jeweils eigene Partei rechtfertigen, meinte Er damit nicht.